Pièce
8° F
170

AF377364

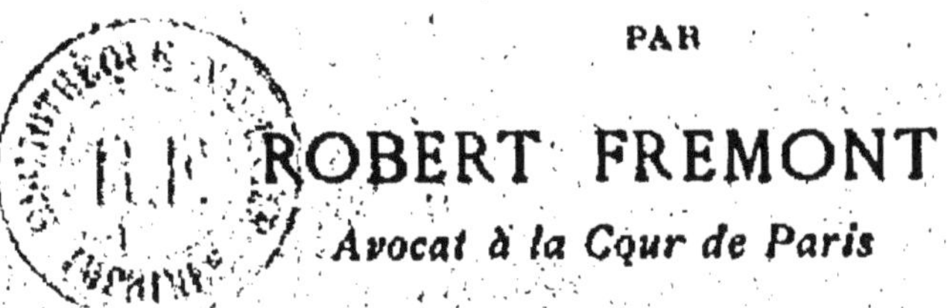

La saisie des navires

en cas de blocus

PAR

ROBERT FREMONT

Avocat à la Cour de Paris

(Extrait du Moniteur Maritime)

EN VENTE

chez

ALBERT FONTEMOING	GIARD et BRIÈRE
éditeur	éditeur
4, rue Le Goff	12, rue Soufflot

PARIS 1899

Pièce
8° E
170

DE LA SAISIE DES NAVIRES

EN CAS DE BLOCUS

R. F.

OUVRAGES DU MÊME AUTEUR :

1º *Traité du divorce et de la séparation de corps* (2e édit.).

2º *Dictionnaire des lois françaises.*

3º *Code des faillites et liquidations judiciaires* (2 vol.).

4º *Code de l'abordage maritime.*

5º *Manuel des examens de Droit* (3 vol.).

De la saisie des navires

en cas de blocus

PAR

ROBERT FREMONT

Avocat à la Cour de Paris

(Extrait du Moniteur Maritime)

DÉPÔT LÉGAL
Seine
N° 767
1899

EN VENTE

chez

ALBERT FONTEMOING	GIARD et BRIÈRE
éditeur	éditeur
4, rue Le Goff	12, rue Soufflot

PARIS 1899

DE LA SAISIE DES NAVIRES
EN CAS DE BLOCUS

Nous avons effleuré déjà ce sujet en traitant, dans le *Moniteur Maritime*, du *Droit des neutres*, en général.

La situation créée par la guerre hispano-américaine, qui nous avait inspiré sur cette matière, l'idée de condenser en une série d'articles, les principes généraux du Droit des gens maritime, a laissé en suspens plusieurs questions nées des circonstances, entre autres, celle que nous proposons de traiter sous ce titre ; elle mérite un examen spécial.

Dans quelles conditions un croiseur. tenant le blocus devant un port, peut-il saisir un navire neutre ? Autrement dit, quand pourra-t-on considérer le navire neutre comme en contravention de blocus ?

Il faut, pour résoudre cette question, se rappeler que le blocus n'est reconnu par le droit international que s'il est *effectif*. Cette règle doit avoir pour corollaire cette autre règle, que le blocus n'est violé par un neutre, qu'autant que cette violation est elle-même *effective*, c'est-à-dire matérielle. (1)

Telle est la thèse que nous entendons soutenir.

---

(1) Rappelons que, d'après le traité de Paris de 1856 qui fixe les bases du droit international en cette matière le blocus doit être *effectif*.

L'effectivité du blocus, définie par les traités précédents, notamment, la *ligue des neutres* (1780), la *nouvelle ligue des neutres* (1800), n'existe que si l'Etat bloquant investit un port ou un point déterminé de la côte, avec des vaisseaux *arrêtés, en nombre suffisant, et suffisamment proches*, pour en rendre l'accès impossible sans danger (V. aussi note russe du 28 janvier 1780) ce qui exclut le blocus par croisière, ou par un seul navire mobile. (De Martens, t. III, p. 284. Robert Fremont et Bourdon Viane, *Droit international* (Manuel) t. II, p. 637).

§ I

Principes généraux.

Il est admis que le blocus est un droit pour tout Etat belligérant, à l'égard de son antagoniste. Les conditions du blocus régulier ont été déterminées par les usages et par les traités.

La règle générale et absolue est celle de *l'effectivité*.

Le droit des gens, il est vrai, n'a d'autre sanction que les représailles exercées par la partie lésée elle-même contre celle qui commet à son préjudice, en violant ou en méconnaissant le blocus, une contravention ou un délit international. Mais, bien que la partie lésée se trouve ici dans la nécessité de se faire justice à elle-même, le respect du Droit l'oblige à ne pas abuser d'une faculté née de la force des choses, et à ne réprimer les actes des neutres que s'ils existent réellement avec un caractère délictueux qui les rendent punissables et susceptibles de répression.

De là est née la règle de l'*effectivité* du blocus, sans laquelle les belligérants ne pourraient, d'après les principes universellement admis, attenter à la liberté du commerce neutre, même dans les parages d'un port ennemi.

§ II

Du fait et de l'intention.

Nous avons à nous demander, tout d'abord, à quels signes, en quelles circonstances on pourra considérer, qu'en temps de blocus, un navire neutre se trouve en état de délit.

Ici, nous restons sous l'empire des principes généraux du Droit qui sont les mêmes, en toute matière répressive, internationale ou non.

Pour constituer un délit, il faut, chez l'agent, la coexistence de deux éléments bien connus : le *fait* et l'*intention*.

Pour constituer une tentative de délit, il faut l'intention accompagnée d'un *commencement d'exécution*, c'est-à-dire d'un fait matériel ne pouvant avoir pour objet que la consommation du délit et qui n'a pas été suivi d'effet par suite de circonstances indépendantes de la volonté de l'agent. On ne saurait, en conséquence, voir, en droit international maritime, une violation de blocus, pas plus qu'en droit commun, la perpétration d'un délit quelconque, là où ne se manifeste que l'un des deux éléments de fait ou d'intention dont le concours est nécessaire. Lorsque l'un de ces deux éléments se rencontre isolément, il n'y a ni délit, ni tentative punissables.

Que le fait soit, le plus souvent, le signe évident de l'intention, pas de doute, mais, jusqu'à plus ample informé, on ne saurait puiser dans le fait seul, autre chose qu'une présomption qui, là, pas plus qu'en matière répressive ordinaire, ne saurait de prime-abord, être considérée comme une preuve complète, et devrait, dans tous les cas, s'évanouir devant la preuve contraire.

§ III

De la notification.

C'est, dans cet examen du degré de la tentative et de l'union plus ou moins étroite des deux éléments nécessaires du fait et de l'intention, que l'appréciation deviendra difficile pour le juge ou le diplomate. En ce qui concerne l'élément intentionnel, le belligérant qui tient bloqué un des ports de l'ennemi, avant d'engager sa propre responsabilité par une saisie ou par une confiscation blâmables, aura toujours un moyen de s'assurer des projets du navire soupçonné, en lui faisant une notification spéciale du blocus. Alors, si le neutre résiste indûment à cette notification, son intention délictueuse sera démontrée (1). A notre avis, au contraire, il n'y aura pas de preuve de la violation intentionnelle du blocus, quels que soient la place du navire suspect ou sa direction, tant qu'il n'y aura pas eu, de la part du croiseur bloquant, mise en demeure préalable et suffisante, par voie d'avertissement ou de notification spéciale. Et, en ce

(1) V. aff. du navire Franziska. *Soelbeer Sammlung officielles actenstück*, vol. VIII, p. 27. — Phillimore, *Commentaires*, t. IV, p. 401. — Creasy, *First plat form*, p. 641. — Kent, ed. Abdy, *Commentary*, p. 367. — Fauchille, *Blocus maritime*, p. 100 et 323. — Bluntschili *Wolkerecht*, § 832. — Manning *Law of nations*, t. III, p. 476.

qui concerne particulièrement la direction du navire neutre, elle ne saurait, à elle-seule, prouver son intention, en dehors de la zone bloquée qui est sensiblement celle de la plus grande portée des canons ; au-delà, la mer est libre.

Le coup de semonce, suivi à intervalle suffisant du tir à projectiles, sera souvent considéré comme l'équivalent de la notification. « Quant un « navire neutre se présente devant le « port bloqué, dit le Règlement espa- « gnol de 1864 (art. 7), ou tente de « rompre la ligne en faisant face au feu « des bloquants, il est entendu que ces « décharges d'artillerie équivalent à « une notification spéciale. » Peu importe, au surplus, la forme de l'avertissement : il est nécessaire, en tous cas, pour établir l'intention persistante du neutre, sans laquelle le délit répressible ne saurait exister, pas plus que si l'intention n'était accompagnée du fait. Nous avons voulu développer ces principes et les affirmer avant d'entrerdans le vif d'une discussion qui ne peut que les vivifier et les consolider.

§ IV

Signes de la violation du blocus.

La première difficulté que soulève
l'application de ces règles est celle
de savoir à quel moment commen-
ceront à se manifester les signes ap-
parents du fait délictueux. Une opinion généralement abandonnée, qui
persista longtemps en Angleterre, ten-
dait à voir un commencement de violation du blocus dans la première tentative du navire neutre pour entrer
au port investi. Au contraire, la
doctrine, plus conforme aux règles
que nous venons de rappeler, ac-

2.

ceptée d'ailleurs par la France, la Suède, l'Italie et la plus grande partie des Etats, n'admet la preuve de la rupture du blocus que si le neutre, dûment averti, continue à se diriger sur la ligne pour la traverser. Quelle que soit, au surplus, l'opinion de telle ou telle puissance sur l'utilité de l'avertissement, ou de la notification, pour établir les projets du navire neutre, tout le monde est d'accord sur la nécessité d'une infraction effective, d'un fait matériel et brutal qui, seul, peut justifier la répression. Faisons abstraction de l'existence de ce fait matériel qui ne laisse guère de terrain pour la discussion ; examinons les autres hypothèses qui peuvent se présenter. La première est celle du neutre qui, ayant conçu le projet de violer un blocus, n'a commis néanmoins aucun fait apparent de violation. La seconde hypothèse est celle d'un navire neutre contre lequel on ne prouve ni fait, ni intention. La première de ces espèces est très intéressante ; et, si bizarre que puisse paraître la seconde, elle ne s'en est pas moins présentée dans la jurisprudence du droit des gens. Sa solution dépend de celle donnée à la première, elle ne devrait pas même, au surplus faire question, aussi nous bornerons-nous à la rappeler.

§ V

Fait ou intention isolés.

Reprenons notre première hypothèse : un navire neutre, parti avec
l'intention de forcer un blocus, n'a pas
exécuté ses projets, ni cherché à les
exécuter. Ce navire encourt-il saisie
ou confiscation régulière de la part
d'un croiseur belligérant?

Appliquons nos principes. — Il n'y
aura plus lieu à répression d'aucune
sorte, car l'intention dégagée de tout
fait n'a jamais, à elle seule, constitué
un délit punissable, surtout en droit

des gens maritime, où la règle est la liberté des mers. Cette règle, universellement admise, doit être respectée; il est nécessaire qu'elle le soit : aucune puissance n'a d'intérêt avouable à la méconnaître, et elle serait violée, si, sous prétexte qu'un bâtiment navigue dans la direction d'un port bloqué, on l'arrêtait sur un point quelconque de l'Océan, avant que son intention se soit effectivement manifestée.

Le seul droit du belligérant qui maintient le blocus est de surveiller les navires neutres et de les empêcher de rompre la chaîne d'investissement.

Que si le navire neutre cherche matériellement à réaliser ses projets, on use envers lui de représailles, fort bien; mais, jusqu'à ce moment, le droit de l'Etat belligérant n'a subi aucune atteinte, donnant ouverture à aucune action. En un mot, un navire ne peut-être accusé de violation ou de tentative

de violation du blocus, que s'il a été
arrêté, *in delicto*, sur les lieux mêmes
et au moment de l'infraction, parce que
son intention a été suivie d'actes contre la ligne du blocus. Toute théorie
contraire, celle du *voyage continu*, par
exemple, comme le dit fort bien M. Martens, ne supporte pas le moindre examen. Dans l'affaire du *Springbok*, cette
théorie du *voyage continu*, inventée de
toute pièces, grâce aux doctrines rétro-
grades encore admises par la Chancel-
lerie anglaise à l'époque de la guerre
de Sécession, répugnait visiblement au
département d'Etat américain et fut
formellement désavouée par lui (1),
comme contraire au doit des gens.

(1) Traven-Twiss. *The Doctrine of conti-
nuous voyage as applied, to contraband of
war and blockade constated, with the decla-
ration of Paris 1856* (Londres 1877). — Pe-
rels. *Manuel de droit maritime interna-*

De la saisie des navires en cas de blocus

Une pareille opinion ne saurait être en effet raisonnablement soutenue, et la solution de l'affaire du *Springbok* est trop illogique et trop en opposition avec les règles d'équité universellement admises, pour qu'on puisse, de bonne foi, en faire un précédent.

Ce serait jeu d'écolier que de s'attacher trop longtemps à démontrer la faiblesse d'un système qui, par des arguments aussi bysantins que ceux du *voyage continu*, cherche à justifier, dans un intérêt de pur lucre, tout espèce de prise, au préjudice des neutres et à couvrir ainsi, d'une apparence de fait de guerre, n'importe quel acte de piraterie (1). Jamais, dans les temps,

tional, p. 103. — Gerner Zeu, *Reform des Kriegs rechts* (Berlin 1875. — Bluntschli règlement des prises de l'Institut de droit international, § 49 (Wolkerrecht. § 835.)

(1) Martens, t. III, p. 390.

De la saisie des navires en cas de blocus

même les plus troublés, le système pu-
nissant l'intention isolée du fait, ne fut
accepté par l'État, ni par les tribunaux
de France, et, si l'on consulte la jurisprudence du Tribunal des prises aux
plus mauvais jours de nos guerres sans
merci avec l'Angleterre, on voit qu'il
a été jugé le 13 thermidor an IX
dans l'affaire de la *Marthe Madeleine*
contre la *Solide* que : « ne contrevient
pas au blocus le navire en route pour
le port bloqué, s'il ne cherche pas à
franchir la ligue du blocus » (1). Cette
équitable décision devait nécessaire-
ment passer au rang des principes admis à l'âge actuel de notre civilisa-
tion, et M. Blumerincq, dans son rap-
port, au nom de la commission des
prises, à l'*Institut International* (Gand
1880) s'exprime ainsi (3° partie p. 374) :
« Nous devons, pour le projet de ré-

(1) Pistoye et Duverdy, t. I, p. 874.

De la saisie des navires en cas de blocus

forme, nous prononcer en ce sens que, ni l'affrétement, ni la destination d'un navire de commerce pour un port bloqué, ne sont des motifs suffisants de constater qu'il a tenté de violer le blocus ». L'argumentation du *voyage continu* n'avait, en effet, pour point de départ qu'une hypothèse des plus fragiles, et pour point d'arrivée que des conséquences iniques. On ne peut, sur-tout en droit international, baser une poursuite sur un simple soupçon, sur une fiction qui tendrait à faire considérer des routes successives comme une seule traversée. « Le droit international doit être la substance d'un sens commun plus parfait que toutes les autres lois » (1). Le contre-sens du *voyage continu* serait la négation du principe de la liberté des neutres et de celui de la liberté des mers en dehors

---

(1) *Times,* 15 juin 1887.

De la saisie des navires en cas de blocus

de la zone du blocus. Une telle opinion ne saurait, sans qu'il soit fait table rase de toute notion du Droit, être décorée du nom de doctrine. Qu'elle ait pu se faire jour, alors que certains peuples prétendaient à la souveraineé exclusive de la mer, qu'elle ait pu trouver des partisans à l'époque de bouleversements politiques où la notion du Droit est trop souvent obscurcie par les passions du moment, soit ! (1) ; mais aujourd'hui, on ne saurait y voir qu'une dangereuse hérésie.

La note russe du 10 août 1793 avait soin de dire que les instructions données en ce sens étaient « rendues né-

(1) Edits hollandais, 1630, 1689. — Règl. Russe 1772. — Règl. français 1744, 1778. — Traités de 1780. — Décret de la Convention, 9 mai 1793. — Instruc. Britanniques, 8 juin 1793 et 8 janvier 1794. — Note russe, 10 août 1793.

cessaires par l'état révolutionnaire de la France ». C'était donc une mesure momentanée, exceptionnelle, qui, pour répandue qu'elle fût alors, ne pouvait devenir la base sérieuse d'aucune théorie juridique, dans les sociétés modernes (1).

Dès l'année 1795, les puissances qui mirent le plus de temps à rejeter les faux principes de la violation fictive du blocus, durent les abandonner. Suivant le traité anglo-américain du 28 août 1795, les navires à destination des ports bloqués ne devaient pas être capturés, à moins que, avertis du blocus sur les lieux mêmes, ils ne cherchassent à le forcer. De même, dans les conventions de neutralité, des 16 et 18 déc. 1800, il est formellement déclaré « qu'on ne pourrait seulement regarder comme contrevenants,

---

1) Martens. Rec. (2ᵉ éd.), t. V , p. 590.

que les bâtiments qui entreraient dans
le port bloqué, ou ceux qui, ayant été
préalablement avertis de l'état du port
par le commandant du blocus, tente-
raient d'y pénétrer par violence ou
supercherie. » Il est vrai que les actes
de colère des gouvernements anglais et
français, dans le désordre des guerres
de la Révolution et de l'Empire, arrê-
tèrent quelque peu, sur ce point, comme
sur beaucoup d'autres, les progrès du
Droit international. Mais on peut considérer le délit simplement intentionnel de violation de blocus, comme une
erreur définitivement condamnée, à
partir des traités de 1814. L'Angleterre
même, qui l'a longtemps défendu
théoriquement, a maintes fois renoncé
à réclamer l'application de ce faux
principe, notamment pendant le blocus de Canton. C'est exceptionnelle-
ment que la guerre d'Orient, en 1854,
nous en offre une application dans une

espèce particulière qui ne pourrait être invoquée comme décision de principe (1).

En résumé, la théorie de la violation *intentionnelle* du blocus, pouvait s'expliquer, sinon se justifier naguère, par l'intérêt que certaines puissances croyaient avoir à combattre la liberté des mers avec l'école de Selden (*mare clausum*) (2), qui engendra la théorie du *blocus fictif*, dont le système, poussé à ses dernières conséquences, aboutit à

(1) Les forces anglaises, le 21 mai 1854, saisirent en pleine mer un navire danois destiné au port bloqué de Riga, alors que le capitaine avait pu cependant établir qu'il avait ordre d'entrer dans le port prussien de Memel, au cas d'investissement de Riga ; mais ce navire portait de la contrebande de guerre qui, débarquée à Memel, devait, de cette localité, passer par terre sur le territoire russe.

(2) Robert Fremont et Bourdon-Viane *Droit international* (Manuel, t. II, p. 655).

la *violation fictive* du blocus. On put concevoir alors, à force de métaphysique, la violation d'une *fiction* par une autre *fiction*; mais on ne saurait concevoir aujourd'hui la violation d'un fait, que par un autre fait. Ceci nous amène, comme solution de notre première espèce, à la conclusion que nous avons annoncée en débutant, à savoir que la *réalité* de la violation du blocus, c'est-à-dire le fait matériel et brutal, n'est pas moins nécessaire, pour imprimer un caractère délictueux aux projets du navire neutre que l'effectivité du blocus est indispensable à sa régularité. Si le blocus est *fictif*, le fait matériel de sa violation ne pourra jamais se produire. Si le blocus est effectif, un simple dessein ne saurait le rompre.

Cette logique est d'une telle simplicité qu'on devait s'attendre à voir l'Angleterre, prenant l'initiative, au traité de Paris en 1856, de la reconnaissance du *blocus effectif*, en tant que principe général et absolu pour l'avenir, et consacrant ainsi les données du traité de 1780, abandonner la théorie rétrograde de la violation *fictive* du blocus, qu'elle avait, d'ailleurs, cessé d'appliquer. Mais le droit international ne se forme que lentement et, certains Etats, comme certains individus, ont vu, trop facilement fléchir, pour un temps, les règles de la Logique, du Droit et de la Morale devant un intérêt, même éventuel. Une grande puissance navale, peut croire à tort ou à raison, qu'il est de son intérêt de soutenir un paradoxe. A l'époque de la guerre de Sécession, lord Russel, dans ses lettres du 15 juillet 1862, et du 3 avril 1863, affirmait, sans embage, l'oubli de son gouvernement pour les déductions de la logique en matière de droit des gens. Etait-ce une capitulation, une complaisance ou une réserve

De la saisie des navires en cas de blocus

pour l'avenir? Quoiqu'il en soit, cette opinion, pour favorable qu'elle fût, ne pouvait être facilement acceptée par les Etats-Unis qui, tant qu'avait duré leur neutralité dans les guerres précédentes, avaient tenu à honneur de proclamer la Doctrine contraire par leur conduite, leurs traités et leurs lois. Aussi le gouvernement américain ne pouvait, ni ne voulait prendre l'initiative d'un changement d'attitude, et s'il laissa faire l'autorité judiciaire, nous savons qu'il ne l'approuva jamais. Les espèces furent nombreuses alors, et les jugements si faiblement motivés, qu'ils gênèrent sensiblement le département d'Etat dans ses relations internationales (1). Aussi le gouvernement améri-

_____

(1) V. Aff. Yeaton C. Fry. — Aff. Nereide. — Procl. du président, 19 avril 1861. — Dépêche de lord Lyons à lord Russel, contenant sur la question le sentiment du secrétaire d'Etat Seward.

De la saisie des navires en cas de blocus

cain ne manqua-t-il jamais l'occasion d'affirmer, au cours de la guerre de Sécession, la nécessité d'un fait matériel pour constituer la violation du blocus, ni de dégager sa responsabiliié morale des décisions qui n'étaient point conforme aux vrais principes du droit (1).

Le Président, dans son message du 12 janvier 1863, déplorait justement les résultats des errements suivis par la marine et la justice américaines, dans ces affaires, tout en rejetant naturellement toute la responsabilité sur le parti vaincu. « Notre commerce avec les nations étrangères, disait-il, a été interrompu, non par l'investissement effectif de nos ports, mais par la capture des navires neutres opérée par nos ennemis sur la haute mer quand ils les supposaient chargés à destination d'un

Voir la note précédente.

point déterminé de notre immense
côte, et cela sans s'inquiéter de savoir
s'il existait, à ce même point, un seul
navire pour en défendre l'accès » (1).

(1) *Archives diplomatiques*, 1863, 1, 808.

§ VI

Absence de fait et d'intention.

Si l'intention seule, sans le fait, de
la violation réelle du blocus, ne saurait
justifier la prise d'un navire neutre
par les belligérants, à plus forte raison en doit-il être ainsi quand il n'y a,
du côté du navire neutre, ni fait ni
intention. Au premier abord cette
affirmation est un truisme qu'il ne
semble même pas besoin d'énoncer.
Pourtant, des difficultés se sont éle-
vées sur ce point, qui ne sont pas
encore résolues. Quant à nous, qui
considérons que poser la question c'est

la résoudre, nous nous bornerons à relater l'espèce. La voici :

Un navire allant d'un port neutre à un autre port neutre est arrêté en vue d'un port appartenant à un Etat belligérant, dans les conditions suivantes: Sa première destination était le port devant lequel il a été arrêté, et qui se trouvait sur sa route de retour. Connaissant l'état de guerre le capitaine avait télégraphié au consul, dans ce port, pour savoir s'il était bloqué. Sur la réponse du consul, qu'en l'absence de notification on pouvait entrer sans danger; le navire arrive à destination ; à son départ, le blocus lui est notifié par les officiers d'un croiseur, on l'avertit qu'il ne pourra plus rentrer, et il continue sa route, après avoir télégraphié aux intéressés qu'il ne touchera pas, à son retour, le port bloqué. Pour effectuer son voyage de retour, ce navire pouvait passer au large de ce port, et il passe effectivement à 9 milles de la terre. A cet endroit, il est saisi par un croiseur, sous prétexte que son intention était d'entrer.

C'est pousser jusqu'à l'absurde une théorie dont nous avons démontré l'inanité des prémisses. Aussi, en face des principes reçus, que nous avons développés et défendus, il nous suffit de poser le problème, il se résout tout seul. Il n'y a pas violation de blocus quand l'intention n'est pas accompagnée du fait. *A fortiori* en est-il de même quand il n'y a ni fait ni intention.

En pareil cas, plus encore que dans les précédents que nous avons cités, la main mise par l'un des belligérants sur le navire est un abus de la force et un attentat au droit des neutres.

§ VII

Conséquences de la saisie irrégulière.

Quelles sont les conséquences de la saisie irrégulière? Lorsqu'il y a saisie indue de navire pour fait de violation de blocus, l'Etat dont le croiseur s'est rendu coupable de cet acte illégitime doit être tenu de réparer le dommage ainsi causé par son fait. C'est là une règle absolue qui a reçu à maintes reprises son application. Pendant la guerre de Sécession, le Président des Etats-Unis a dû faire voter un crédit supplémentaire pour indemniser le navire anglais *Perth-*

shire qui avait été injustement détenu pour infraction supposée au blocus (1). Beaucoup de règlements particuliers à divers Etats ont proclamé cette règle et l'ont même sanctionnée de sévères pénalités contre le commandant du navires bloquant, qui aurait commis des infractions au droit des gens (2).

***

Mais, si l'Etat belligérant possède ainsi un recours contre les officiers de son propre navire, c'est à raison de la responsabilité qui lui incombe à lui-

(1) Message du 3 décembre 1861, *Archives dipl.*, 1862, p. 71.

(2) Suède Ord. 12 avril 1808, art. III, § 9. — Prusse. Règl. 20 juin 1864, § 27. — Danemark. Règl. 16 février 1864, art. 5. — Autriche. Décl. 11 mai 1877, art. 4.

même vis-à-vis des armateurs, propriétaires et autres intéressés du navire indûment saisi et de la puissance dont ce bâtiment porte le pavillon (1).

Robert Fremont,
Avocat à la Cour de Paris.

(1) Bulmerincq, *Annuaire de l'Institut de droit international*, 1878, p. 88?

Société anon. de l'Imprimerie Kugelmann
(G. Balitout, Directeur)
12, Rue de la Grange-Batelière, Paris.

www.ingramcontent.com/pod-product-compliance
Ingram Content Group UK Ltd.
Pitfield, Milton Keynes, MK11 3LW, UK
UKHW021128140726
13695UKWH00004B/1772